ເຣື່ອມຄ້ວຂອງ ນາງ ໄມຂ້ຶ

ໂດຍ: ຈະສີ ສົມຫວັງ
ຮູບໂດຍ: ຄິມເບີລິ ພາເຈໂຄ

Library For All Ltd.

ອົງການ Library For All ແມ່ນອົງການທີ່ບໍ່ຫວັງຜົນກໍາໄລ ທີ່ມີພັນທະກິດທີ່ຈະເຮັດໃຫ້ທຸກຄົນ
ສາມາດເຂົ້າເຖິງແຫຼ່ງຄວາມຮູ້ ຜ່ານບະອັດຕະກໍາຫ້ອງສະໝຸດດິຈິຕອນ.
ເຂົ້າເບິ່ງລາຍລະອຽດເພີ່ມເຕີມທີ່: libraryforall.org

ເຣື່ອງຄົວຂອງ ບາງ ໄມອິ

ພິມຄັ້ງທໍາອິດ 2021

ຈັດພິມໂດຍ: ອົງການ Library For All
ອີເມວ: info@libraryforall.org
URL: libraryforall.org

ປຶ້ມພາສາລາວເຫຼັ້ມນີ້ ຖືກສະໜັບສະໜູນໂດຍການຮ່ວມມືຂອງ

ຮູບແຕ້ມຕົ້ນສະບັບໂດຍ ຄິມເບິລີ ພາເຈໂຕ

ເຣື່ອງຄົວຂອງ ບາງ ໄມອິ
ຈະສີ ສົມທວັງ
ISBN: 978-9932-09-155-3
SKU1189

ເຣື່ອມຄົວຂອງ ນາງ ໄມຂີ້

ເຣື່ອງຄ້ວຂອງ ບາງໄມ້ມີ ມີ ຟອຍ.

ເຮົືອບຄົວຂອງ ບາງໄມຊິ ມີ ຄຸບ້ຳ.

ເຮືອນຄົວຂອງ ບາງ ໄມຊ໌ ມ໌ ມິດ.

ເຮືອນຄົວຂອງ ນາງ ໄມຊິ ມີ ເຕົາໄຟ.

ເຮືອນຄົວຂອງ ບາງ ໄມຊິ ມີ ທວດ.

ເຮືອນຄົວຂອງ ນາງ ໄມຊິ ມິ ສ້ອມ.

ເຮືອນຄົວຂອງ ນາງ ໄມຊີ ມີ ບ່ອງ.

ເຮືອນຄົວຂອງ ບາງ ໄມຊິ ມີໄມ້ຫູ່.

ເຮືອນຄົວຂອງ ບາງ ໄມຊິ ມີ ຖ້ວຍ.

ເຮືອນຄົວຂອງ ນາງ ໄມຊໍ ມີ ຈານ.

ຂໍ້ມູນທາງບັນນາບຸລິມຂອງຫໍສະໝຸດແຫ່ງຊາດ

ຈະສີ ສົມທວັງ
    ເຮື້ອນຄໍ່ຂອງ ບາງ ໄມຊໍ 1 / ໂດຍ ຈະສີ ສົມທວັງ. -- ວຽງຈັນ :
ມັກອານ, 2020
    21 ໜ້າ : ພາບປະກອບສີ ; 21 ຊມ
    1. ວັນນະກຳສຳລັບເດັກ
    I. ຊື່ເລື່ອງ
808.899282 -- dc21
    ເລກທະບຽນພິມຈຳໜ່າຍ: ຕາມທບ332ພຈ 23122020
    ISBN 978-9932-09-155-3

ເຈົ້າສາມາດໃຊ້ຄຳຖາມດັ່ງລຸ່ມນີ້ເພື່ອ ສືບທະນາກ່ຽວກັບເລື່ອງທີ່ອ່ານກັບ ຄອບຄົວ, ໝູ່ ແລະ ຄູອາຈານ.

ເຈົ້າໄດ້ຮຽນຮູ້ຫຍັງຈາກເລື່ອງນີ້?

ຈົ່ງອະທິບາຍເລື່ອງນີ້ ໂດຍໃຊ້ຄຳບັບຍາຍ 1ຄຳ. ຕະຫຼົກ? ຍ້ານ? ມິສິສັນ? ໜ້າສົນໃຈ?

ເມື່ອອ່ານຈົບແລ້ວ, ເລື່ອງນີ້ໃຫ້ຄວາມຮູ້ສຶກຫຍັງແດ່?

ໃນເລື່ອງນີ້, ເຈົ້າມັກສິ່ງໃດຫຼາຍທີ່ສຸດ?

ດາວໂລດແອັບ
getlibraryforall.org

ກ່ຽວກັບຜູ້ປະກອບສ່ວນ

Library For All ເຮັດວຽກຮ່ວມມືກັບນັກຂຽນ ແລະ ນັກແຕ້ມ ທົ່ວໂລກເພື່ອສ້າງເລື່ອງທີ່ທ້າງທ້າຍ, ມີຄຸນນະພາບສູງໃຫ້ກັບຜູ້ອ່ານໂຕນ້ອຍ. ທຸກຄົນສາມາດເຂົ້າໄປ ເວັບໄຊ libraryforall.org ເພື່ອຮຽນຮູ້ຂ່າວທ້າສຸດ ກ່ຽວກັບກິດຈະກຳຝຶກອົບຮົມນັກຂຽນ, ຄູ່ມືຕ່າງໆ ແລະ ໂອກາດສ້າງສັນອື່ນໆ.

ປຶ້ມຫຼືບຶ້ມ່ອບບ່?

ພວກເຮົາມີປຶ້ມຫຼາຍຮ້ອຍຫົວໃຫ້ເລືອກອ່ານ.

ພວກເຮົາຮ່ວມມືກັບນັກຂຽນ, ຜູ່ຊ່ຽວຊານດ້ານການສຶກສາ, ທີ່ປຶກສາທາງດ້ານວັດທະນະທຳ, ລັດຖະບານ ແລະ ອົງກອນທີ່ບໍ່ຂຶ້ນກັບລັດຖະບານ ເພື່ອນຳຄວາມເພີດເພີນ ໃນການອ່ານໃຫ້ກັບເດັກນ້ອຍທົ່ວທຸກແຫ່ງ.

ຮູ້ບໍ່?

ພວກເຮົາສ້າງການປ່ຽນແປງທີ່ດີໃຫ້ຂົງເຂດນີ້ ໂດຍປະຕິບັດ ເປົ້າໝາຍການພັດທະນາແບບຍືນຍົງຂອງສະຫະປະຊາຊາດ.

libraryforall.org

9 789993 209155